Wolkenknopf

Anna Marshall

für Heike

Dort, wo wir früher gewohnt haben, hörten wir abends das Käuzchen schreien. Hier schreit nur der Zug, der hinter unseren Wohnzimmergardinen vorbeifährt.

Mit dem Zug fährt Mama jeden Tag in die Stadt, in den Knopfladen. Dort verkauft sie Knöpfe, Stoffe und Stecknadeln, seit wir vor vielen Monaten hierhergezogen sind. Und sie näht Gardinen, Kleider oder Hosen. Manchmal nimmt Mama mich mit, wenn sie zum Knopfladen fährt.

Im Zug zwängt sich heute eine Familie mit schweren Koffern durch den engen Gang.

Als wir hierhergekommen sind, hatten wir auch so einen großen Koffer dabei und dazu noch viele Taschen. Wir haben so viel eingepackt, wie wir nur konnten. Alles hat trotzdem nicht hineingepasst, Mamas Nähmaschine zum Beispiel und mein Roller. Beides haben wir bei Oma und Opa gelassen. Oma und Opa passen jetzt auf alles auf, besonders aber auf unsere Katzen: Ari und Bo.

Wir sind da. Die Verkäuferinnen im Knopfladen reden in einer Sprache, die klingt, als würden viele kleine Steine nacheinander auf den Boden fallen. So reden alle hier in diesem Land.

Auch wenn ich sie nicht verstehe, schaue ich ihnen gerne zu, wie sie Gardinen nähen und Kleider enger oder weiter machen. Eine der Frauen näht aus einem Stoffrest sogar ein Kleid für meine Puppe!

Als es Zeit wird nach Hause zu gehen, schenkt mir eine der Frauen einen Knopf. Er ist durchscheinend und hat die Form einer Wolke. Als ich den Wolkenknopf vor mein Auge halte, kann ich plötzlich Ari und Bo sehen – und ich sehe unseren Garten und das Haus, in dem wir früher gewohnt haben! Oma und Opa sind auch da und die Nachbarkinder spielen auf der Straße – sie winken mir zu!

Der Knopf ist von nun an mein Geheimnis.
Ich trage ihn immer bei mir.

Wenn ich mich allein fühle, schaue ich hindurch.

Allein fühle ich mich hier oft. Wenn Mama keine Zeit für mich hat, gehe ich raus. Hinter unserem Haus gibt es einen Hof und sogar einen kleinen Spielplatz. Aber dorthin traue ich mich nur, wenn es ruhig ist und ich keine Steinwörter hören muss.

Heute ist es ruhig.

Plötzlich kommen Kinder. Durch einen Spalt in der Bretterwand beobachte ich sie. Sie spielen Verstecken.

kapper, kapper!

tuffi tato!

Ein Mädchen rennt ausgerechnet auf das Spielhaus zu, in dem ich mich verborgen halte! Erst schaut sie mich erstaunt an, dann hockt sie sich einfach neben mich.

Sie flüstert mir etwas zu. Und obwohl sie Steinsprache spricht, glaube ich zu verstehen, dass sie fragt: „Wie heißt du?". Ich will sagen: „Liah", doch mein Mund bleibt zu.

„Kitty!", sagt sie dann und zeigt auf sich.
Während wir zusehen, wie der Sucher das erste Kind entdeckt, suche ich angestrengt nach Wörtern. Doch in meinem Kopf höre ich bloß das Klackern tausender kleiner Steine und mein Mund bleibt verschlossen.

Kitty und ich werden erst ganz zum Schluss gefunden.

Kitty wohnt auch in dem großen Haus, in dem Mama und ich wohnen. Ein paar Tage später besuche ich sie. Kitty hat viele Bücher. Zusammen schauen wir uns die Bilder in den Büchern an. Ich tippe mit dem Finger auf die Zeichnung einer Katze und sehe Kitty fragend an. „Katze!", sagt sie. Ich lege die Hand auf mein Herz.
Kitty lacht und fragt mich etwas. Bestimmt will sie wissen, ob Katzen meine Lieblingstiere sind. Wieder möchte ich etwas sagen. Stattdessen nicke ich.

Als ich am nächsten Morgen aufwache, kann ich meinen
Wolkenknopf nicht mehr finden — er ist weg!

Ich bin traurig.
Und wütend.
Weil ich nicht besser aufgepasst habe.
Weil mein Mund abgeschlossen ist.
Und weil ich wieder zurückwill.
Zu Oma und Opa und zu Ari und Bo.

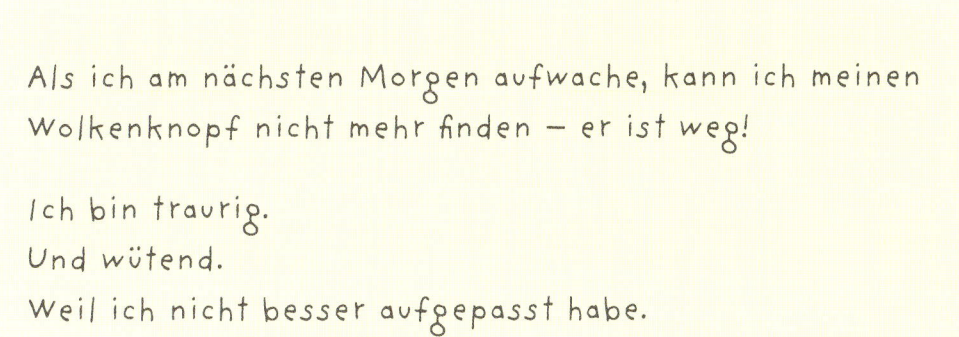

Es ist mein Wolkenknopf! Ich nicke glücklich.
„Deiner!", wiederhole ich und halte meine Hand unter ihre.
„Meiner heißt das!", sagt sie lachend. Sie zeigt auf sich
selbst. „Meins." Und dann auf mich. „Deins".
Ich mache es ihr nach. „Meins – deins, meins – deins,
meins – deins ..." Jetzt lachen wir beide.

Plötzlich fühle ich mich mutig. Ich nehme Kittys Hand und renne mit ihr zum Haus zurück. Wir nehmen den Fahrstuhl und fahren zusammen hinauf. „Eins, zwei, drei, vier, fünf, sechs, sieben, acht, neun, zehn!", zählt Kitty laut die Stockwerke. Genau wie beim Verstecken spielen. Ich spreche leise mit.

Als es nicht mehr höher geht, steigen wir aus. Wir sind auf dem Dachboden angekommen. Durch das große Fenster schauen wir hinunter auf die Stadt. Die Wolken hängen heute tief, fast könnte man den Arm ausstrecken und nach ihnen greifen.

Ich nehme den Wolkenknopf in meine Hand und schaue hindurch. Oma und Opa schlafen noch. Dann gebe ich ihn Kitty. Sie schaut ebenfalls eine Weile schweigend hindurch. Ich glaube, sie kann auch jemanden sehen. Vielleicht ihre eigenen Großeltern?

Als sie mir den Knopf zurückgibt, lächelt sie mich an. Da spüre ich ein Wort in mir. Es will unbedingt hinaus: „Freund!", sage ich.

Und dann kommen noch mehr Wörter: „Liah", sage ich und tippe auf meine Brust, „deins Freund!", und tippe dabei auf Kittys Schulter.

„Freundin!", sagt Kitty und lacht. „Deine Freundin."

Jetzt tippt auch sie auf meine Schulter. „Hab dich, du musst!", ruft sie und läuft juchzend davon.

Und dann spielen wir Fangen, so wild und so lange, bis uns die Luft ausgeht.

In dieser Nacht habe ich einen Traum:

Mit Nadel und Faden nähe ich den Knopf an eine Wolke. Die Wolke fliegt zu Oma und Opa. Sie schenkt ihnen Regen für den Garten und lässt den Knopf wie einen Samen zur Erde fallen. Bald schon wächst daraus ein Baum. Er wird groß und immer größer und treibt lauter bunte Knospen. Aus den Knospen aber wachsen Wörter, Wörter in allen Sprachen der Welt. Wer eines braucht, pflückt es sich vom Baum. Und dann kann jeder den anderen verstehen.

Autorin und Illustratorin:

Anna Marshall, geboren 1980 in Bielefeld, ist Büchermacherin und Geschichtenerfinderin. Nach ihrem Designstudium mit dem Schwerpunkt Illustration in Münster zog sie mit ihrer Familie nach Karlsruhe. Hier zeichnet, malt und schreibt sie, wenn sie nicht gerade mit ihrem Sohn zusammen Fußball spielt. 2011 erhielt sie den „Meefisch-Illustrationspreis" für ihr Buch „Oma und die 99 Schmetterlinge".

1. Auflage Februar 2023, ISBN 978-3-96594-206-6

© 2023 Südpol Verlag, Grevenbroich, alle Rechte vorbehalten.
Umschlaggestaltung und Illustrationen: Anna Marshall

Dieses Werk wurde vermittelt durch Paula Peretti Literarische Agentur, Köln

Gefördert von der Stiftung Kulturwerk der VG Bild-Kunst, Bonn

Das Buch wurde auf FSC-zertifiziertem Papier gedruckt und leistet damit einen aktiven Beitrag zur nachhaltigen Bewirtschaftung der Wälder rund um den Globus.

Bibliographische Information der Deutschen Nationalbibliothek
Die Deutsche Nationalbibliothek verzeichnet diese Publikation in der Deutschen Nationalbibliographie; detaillierte bibliographische Daten sind im Internet über http://dnb.ddb.de abrufbar.

Kann man Kunst essen?

Was ist ein Museum? Und was ist Kunst? Darf eigentlich nur Kunst ins Museum? Mit Museumsmotte Heribert und seiner Nichte Jolinde wird ein Ausflug ins Museum zu einem spannenden Abenteuer, bei dem ganz nebenbei viele Fragen rund um die Themen Museum und Kunst leicht verständlich erklärt werden.

Mehr zum Buch

Sachtexte rund um Kunst & Museum – reich illustriert und kindgerecht erklärt

Detailreiche Bilder laden zum Suchen und Entdecken ein

Kombination aus Erzähltext, Sachinfos und vielen Mitmach-Angeboten

Kunstfresser – Aus dem Leben einer Museumsmotte
von Christine Ziegler
mit Illustrationen von Stephanie Marian
64 Seiten, geb., farbig, 23 x 33 cm, 24,00 €
ISBN 978-3-96594-109-0, **ab 6 Jahren**

Eine spannende Entdeckungsreise durch die Geschmäcker der Welt

Entdecke den Geschmack der Welt und lerne 13 Kinder aus verschiedenen Ländern kennen: Wie leben Niika in Japan oder Feven in Äthiopien und was essen sie am liebsten? Welche Lieblingsrezepte haben Heitor aus Brasilien oder Gurmeet aus Indien? Einfache landestypische Rezepte laden mit Zutatenliste und Step-by-Step-Fotos zum Nachkochen ein.

Mit vielen spannenden Infos über Essgewohnheiten, Kultur und Alltag aus 13 Ländern rund um den Globus – von Italien bis Marokko, von Mexiko bis China.

Die Welt schmecken und entdecken – eine kulinarische Weltreise für Kinder
120 Seiten, geb., farbig, 23 x 31 cm, 24,00 €
ISBN 978-3-96594-083-3, ab 6 Jahren

Mehr zum Buch

Jedes Land mit Rezepten, Rätsel und Mitmach-Tipp – zum Schmecken und Entdecken!